CHANSONS

de J.-L.-J. Coutant,

Tonnelier,

A PÉRONNE.

Prix : 25 Cent.

AVERTISSEMENT.

La chanson est éminemment française; elle convient à
l'esprit vif, fin et délicat de notre nation qui aime les traits
rapides, et a en horreur les longs discours. Les poëtes ont
compris tout le parti qu'ils pouvaient tirer de ces légers
poëmes qu'on propage facilement. C'est le moyen le plus
certain de vulgariser les grandes et belles idées.

Le peuple chante dans ses ateliers, les jours de fêtes, de
plaisirs, partout. C'est dans les chansonniers qu'il s'ins-
truit. On l'entend souvent appuyer ses raisonnements des
citations prises dans les chansonniers : *Comme dit la chanson* est une expression devenue universelle.

N'est-il pas à regretter que les fables de La Fontaine ne
soient pas des chansons?.. Son traité de morale serait dans
toutes les mémoires et dans toutes les bouches. Peut être,
si on avait pu les chanter, eût-on obtenu des résultats fa-
vorables aux mœurs... qui sait? Les hommes se conduisent
par les idées; faites que leurs idées soient justes, ils sui-
vront la droite ligne.

La chanson n'est pas restée en arrière des progrès de la
société. Sous le génie de l'immortel Béranger, l'aigle de la
chanson, elle a hardiment porté son vol jusqu'aux derniè-
res limites. Quelle rude tâche le chantre bien-aimé du
peuple a laissée à ses successeurs ! Il a tout chanté : Amour,
gaîté, philosophie, politique, religion, gloire, misères du

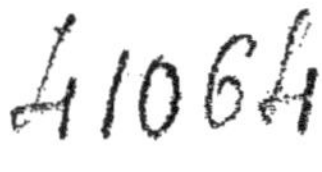

peuple, charité, et avec éloquence du cœur qui entraîne et persuade.

La puissance de la chanson est tellement vraie, que même les socialistes s'en sont servis pour propager leurs doctrines parmi le peuple. Les Saint-Simoniens ont composé un grand nombre de chants de quoi faire un gros volume. Les ouvriers-poètes prennent aussi cette forme pour publier leurs besoins et leurs idées sur l'organisation du travail. L'Eglise n'a pas dédaigné non plus que les autres la chanson ; seulement, elle a remplacé le mot *chanson*, qui a paru trop profane, par celui de *cantique*. Son scrupule ne s'est pas étendu à la musique ; elle s'est emparée des airs composés pour des paroles mondaines... mais l'Eglise purifie tout ce qu'elle touche !..

L'auteur de ces chansons est un homme du peuple, tonnelier à Péronne (Somme) ; il n'a reçu aucune instruction ; à peine s'il connaît les premiers rudiments de notre langue, et cependant il crée des chants. Humilions notre orgueil : Ce n'est pas la société qui produit les philosophes, les orateurs, les poètes ; c'est Dieu qui distribue à chacun les facultés ; l'instruction développe nos dispositions, mais ne les crée point. Lorsqu'à l'aide de l'instruction on veut faire un poète d'un homme positif, elle contrarie la nature ; elle sème son grain sur le sable, et elle s'étonne de ne le pas voir porter de fruit !...

La société marche aveuglément : elle ne s'enquiert jamais des causes, elle ne s'occupe que des effets. C'est ainsi qu'on violente la nature, qui est toujours bonne quand on la laisse librement suivre son cours, et que, faute de ne la savoir pas diriger, on n'obtient que des talents bâtards, sans consistance et sans mérite. La richesse ne donne pas le génie, c'est le génie qui se donne à l'homme, sans distinction de classe. Malheur au pauvre qui aura été choisi entre tous pour revêtir les pensées généreuses d'une couleur nouvelle, mieux appropriée aux besoins de son siècle! car si l'instruction lui est refusée, il végétera misérablement dans les ateliers où son esprit se révoltera incessamment contre un travail sans fin et sans compensation : son imagination se heurtera douloureusement contre les bruits intenses du marteau. On sait que les poètes ne se plaisent que dans la solitude et dans le silence.

Gilbert et Moreau ont été impuissants à lutter contre l'injustice sociale : Ils sont morts à l'hôpital !

L'auteur dont nous nous occupons a mis ses heureux dons au service de sa conviction.

Il a raillé sur un ton très gai les démarches des électeurs ministériels, les repas, les bals qu'ils ont donnés, les promesses de places qu'ils ont faites, et enfin leur chute :

> Terpsichore, affreux attentat,
> A gagné nos hommes d'état ;
> Chez un petit pacha tout fait,
> Elle veut traiter à forfait.
> > Mille invitations
> > Ont fait irruptions,
> Sautez tout à votre aise,
> > Bons électeurs,
> > Grands amateurs,
> Formez la chaîne anglaise,
> Au profit des directeurs. etc.,

Puis, sur un autre air :

> Pleurez, surtout, ces gros dindons,
> Engraissés par des bleus cordons,
> Et que la roture mangea,
> > Alleluia.

Prenez l'encens et le parfum ;
Enveloppez votre défunt,
Son âme en paix s'en ira,
                Alleluia.

Le ministère a fait son choix ;
Son cercueil est une urne aux voix.
Chantons autour pour *libera*.
                Alléluia.

Dans la plupart de ses chansons, on trouve des allusions au grand homme, qui se continuent au Neveu, aujourd'hui emprisonné à Ham. L'exil, les tentatives malheureuses du prince Louis-Napoléon, le voyage qu'il fut forcé de faire secrètement pour assister aux derniers moments de sa mère, sont des sujets dignes d'inspirer une muse.

La France est grande et forte, elle peut être généreuse sans péril ; pourquoi ne pas fouler aux pieds, comme indigne d'un grand peuple, l'ostracisme qui pèse sur cette famille, dont le glorieux nom est dans tous les cœurs, dans nos institutions les plus belles et sur tous nos monuments ?.

Nous nous associons à ce couplet du tonnelier, extrait d'une chanson faite pendant le dernier procès du prince Louis :

Des vieillards à riche mandille,
Peut-être lassés de complots ;
Vont te rendre, au lieu de bastille,
Une patrie et le repos.
Les temps n'ont point à la Clémence
Réservé de remords cruel.
Mets dans les cieux ta confiance,
Là tout décret est éternel.

                                    ******

Paris, 10 juin 1843.

LA PEUR *.

Air : *C'est l'amour, l'amour.*

Quel est ce géant qui s'abaisse,
Dont l'ombre obscurcit nos beaux jours,
Magicien qui nous tient en laisse,
Et qui se heurte au sein des cours ;
    Qui transforme en écoles,
    Bourgs, hameaux et cités ;
    Qui fait des protocoles,
    Et vend nos libertés ?
C'est la peur, la peur, la peur,
    Qui domine,
    Qui nous ruine,
Et chacun dans la stupeur
    A changé de couleur.

Baguette en mains, toujours timide,
D'être forte elle fait semblant ;
A ce mot seul de pyramide,
Elle n'écoute plus qu'en tremblant ;
    Toujours sage et victime,
    La pauvrette à genoux,
    Rejette la maxime
    De courir sur les loups.
C'est la peur, la peur, la peur,
    Qui domine,
    Qui nous mine,
Et chacun dans la stupeur
    A changé de couleur.

* Cette chanson a paru dans la *Sentinelle picarde* du 19 mai 1832 moins le quatrième et le dernier couplet.

Dans un palais couvert de glace,
Où grelottent tous ses sujets,
On la voit vider la besace
D'un peuple affamé par la paix,
   Sa voix qu'elle fait grêle,
   Est sans force au lointain,
   Et sa main qui nous gêle,
   A gelé le destin.
  C'est la peur, la peur, la peur,
    Qui domine,
    Qui nous mine,
  Et chacun dans la stupeur
    A changé de couleur.

Depuis que par métempsycose,
Elle a fait trafic en parti,
Le courage tremble, pour cause,
Et dans un coin se tient blotti ;
   Il craint qu'aux jours d'alarmes,
   Ce géant passager,
   Ne livre encor des armes
   Faites pour nous venger.
  C'est la peur, la peur, la peur,
    Qui domine,
    Qui nous mine,
  Et chacun dans la stupeur
    A changé de couleur.

Comme à tout elle se cramponne,
Notre globe est au lazaret,
Et mon pays qui s'abandonne
N'a plus l'éclat qui le parait.
   Dans le cahos immense,
   Où son vol est perdu,

Un esprit y balance
Un monde suspendu.
C'est la peur, la peur, la peur,
Qui domine,
Qui nous mine,
Et chacun dans la stupeur
A changé de couleur.

Quoique servile elle se fasse,
A ses pieds, que d'êtres mouvants!
Et la vertu de l'homme en place
Est comme une feuille à tous vents.
Qu'on craigne un ministère,
Ce monstre adultérin,
Vous commande de taire
Le nom de son parrain.
C'est la peur, la peur, la peur,
Qui domine,
Qui nous mine,
Et chacun dans la stupeur
A changé de couleur.

Plus haut j'aurais conduit ma verve;
Mais, comme un choléra-morbus,
La peur, qui toujours se réserve,
M'adjoint à tant de cœur imbus.
Tremblons, âmes serviles,
De faveurs au congrés,
On veut paver les villes,
Tant on a peur des grés !
C'est la peur , la peur, la peur,
Qui domine,
Qui nous mine,
Et chacun dans la stupeur
A changé de couleur.

L'INFLUENCE DE L'ÉPOQUE.

(1838.)

Air *de Meissonnier* (du Grenier de Béranger).

Plus de chansons, que fait donc votre muse ?
Quelque dégoût glace-t-il votre cœur ?
Est-ce elle ou vous, qu'il faut que l'on accuse ?
Votre silence est-il pour le vainqueur ?
Dans le secret gémir, est-ce se taire ?
Nos pleurs un jour formeront des torrents !
Puis-je fermer mes yeux à lumière,
Et me courber sous le poids des tyrans ?

Quatre-vingt-dix est l'an de ma naissance.
D'un père alors régénérant le nom ;
Tout concourait à la réjouissance ;
Nos ennemis roulaient sous le canon.
L'orgueil des rois comptait l'heure dernière,
Et tout craquait sous leurs pas chancelants.
Puis-je fermer mes yeux à la lumière,
Et me courber sous le poids des tyrans ?

« A bas, tyrans ! qu'aux sueurs venez paître ! »
Chantait le peuple en buvant les impôts :
« L'égalité ne souffre point de maître,
« Et ne veut point payer vos oripeaux ! »
De tous ces chants, dans ma berce légère,
La liberté me soufflait les accents.
Puis-je fermer mes yeux à la lumière,
Et me courber sous le poids des tyrans ?

Combien de fois, on m'allaitait encore,
Ma main quittant le sein qu'elle tenait,
Pour se jouer au ruban tricolore (*),
J'ai de ma mère arraché le bonnet!
Ces doux moments dont elle était si fière,
M'ont fait compter bien des embrassements!
Puis-je fermer mes yeux à la lumière,
Et me courber sous le poids des tyrans?

« Dans les combats, ah! combien de merveille! »
Disaient chez nous les voisins réunis.
J'étais petit; mais je prêtais l'oreille,
Et tressaillais à tous ces faits bénis.
A son Mentor la France était chère;
Tout l'imitait dans ses beaux dévoûments.
Puis-je fermer mes yeux à la lumière,
Et me courber sous le poids des tyrans?

Mais je grandis et les vicissitudes
Ont pu m'apprendre à ne compter sur rien:
Gloire, bonheur, tout est incertitudes,
Et l'homme en vain compte un ange gardien;
Mais le courage invoque un temps prospère,
Dût-il plus tard retourner aux courants.
Puis-je fermer mes yeux à la lumière,
Et me courber sous le poids des tyrans?

* On sait qu'alors les femmes portaient soit une cocarde, soit un ruban
tricolore.

LE VOYVGEUR.

(*Avril 1843.*)

Air : *Mon pauvre chien ne me quitte jamais.*

Sous un doux ciel, aux confins de la Somme,
Un voyageur explorant le pays ;
De monuments que compte le royaume,
Citait le nombre à son plus jeune fils :
« Ham, que tu vois, lui disait le bon père,
« Est tristement célèbre en ce moment!... »
Le fils a l'âge où tout semble un mystère,
Fixait son père avec étonnement.

« Dans ce château, reste d'un temps antique,
« Puissance usée en excès féodaux ;
« Vit, détenu, pour cause politique,
« L'un des neveux du plus grand des héros !
« Le saluer, n'est permis de le faire,
« C'est de respect manquer au réglement ! »
Le fils a l'âge où tout semble un mystère,
Fixait son père avec étonnement.

« — Quoi ! dit le fils, le neveu du grand homme,
« Dont les échos nous répètent le nom ?
« Qui fut soldat, eut un fils, roi de Rome,
« Et dont la gloire entoure le renom ?
« — C'est lui, mon fils ; vois quelle coupe amère,
« La grandeur offre en son abaissement ! »
Le fils a l'âge où tout semble un mystère,
Fixait son père avec étonnement.

« — Mais qu'a-t-il fait? a-t-il contre la France,
« Par l'étranger formé quelque complot?
« Mis en projet quelque sainte-alliance,
« Qui n'eût laissé que la honte pour lot?
« — Apprends, mon fils, que l'exil, au contraire,
« Rend le pays comme au fer est l'aimant. »
Le fils a l'âge où tout semble un mystère,
Fixait son père avec étonnement.

« Que de barreaux hérissent ses fenêtres!
« Vois-tu, mon fils, où passent ces tambours?..
« Est-il l'auteur de ces fameuses lettres,
« Mêlant Paris aux aimables faubourgs?
« Oh! la patrie à son cœur est trop chère,
« Et le coupable échappe au jugement. »
Le fils a l'âge où tout semble un mystère,
Fixait son père avec étonnement.

« Ecoute bien : dans sa toute-puissance,
« Napoléon, que l'on pleure aujourd'hui,
« Nomma ce prince au trône de la France,
« Lorsque le sort exila l'oncle et lui.
« Des rois placés par la horde étrangère,
« Furent chassés dans un soulèvement. »
Le fils a l'âge où tout semble un mystère,
Fixait son père avec étonnement.

« Ce devait être un retour à ces choses,
« Dont le pays regrettait la splendeur;
« Mais point ne fut, je n'en sais pas les causes;
« On fit de l'*ordre* et promit la grandeur!...

« Deshérité de son droit légataire,
« Il fut laissé dans le bannissement. »
Le fils a l'âge où tout semble un mystère,
Fixait son père avec étonnement.

« L'exil aigrit, quand plus rien ne l'excuse,
« Et le banni peut rappeler ses droits ;
« Seul, échappé de sa famille excluse
« Aux bords français il aborda deux fois.
« Ce fut délit contre un roi populaire,
« Sa haute chambre infligea jugement. »
Le fils a l'âge où tout semble un mystère,
Fixait son père avec étonnement.

Mais l'air rêveur, achevant leur visite,
Et contemplant ces donjons crevassés,
Ils s'arrêtaient, lorsque de sa guérite,
Un soldat sort en leur criant : Passez !
Et s'éloignant, obligé de se taire,
Le voyageur lorgnait le monument.
Le fils a l'âge où tout semble un mystère,
Fixait son père avec étonnement.

* Lors du jugement à la Chambre des pairs, le procureur-général, dans
son fameux réquisitoire, disait, en s'adressant au Prince, « *que ses tentatives justifiaient bien aujourd'hui la mesure tenue à son égard.* » —
C'était au contraire la mesure qui justifiait ses tentatives. Mais on n'est
pas toujours logique, bien que l'on soit procureur-général.

Les Petites Filles.

Ham, 15 août 1841.

Air : Muses des bois et des accords champêtres,
ou : Contentons-nous d'une simple bouteille.

Au sein de Ham, cette mère aux bastilles,
Prison des grands où se vengent les rois,
Je cheminais près de petites filles,
Dont la moins jeune avait dix ans, je crois.
Dans l'entretien l'enfance a tant de grâce,
A l'écouter se lasse-t-on jamais?
Charmants enfants! disais-je, que Dieu fasse
Sur vous toujours répandre ses bienfaits!

« Viens, disait l'une, oh! viens vite à la messe,
« Tu ne sais pas?... c'est le quinze d'août;
« De s'y porter, vois comme l'on s'empresse,
« C'est bien la Vierge ; oh! mais ce n'est pas tout :
« Tu sais, chez nous, le tableau près la glace?
« Eh! bien, c'est lui que l'on invoque après. »
Charmants enfants! disais-je, que Dieu fasse
Sur vous toujours répandre ses bienfaits!

« Tu n'as pas vu, lui disait-elle encore,
« Comme à l'église on a fait beau le chœur?

« Un cierge; oh! tiens, » et pour convaincre Aglaure;
Joignait ses poings pour marquer la grosseur.
« Du saint patron on portera la châsse,
« Notre curé marchera sous le dais ! »
Charmants enfants! disais-je, que Dieu fasse
Sur vous toujours répandre ses bienfaits!

« Ce n'est pas tout, un beau calice en *chose*! (*).
« —Et des gâteaux donnés pour pain béni!
» — Quoi! des gâteaux? s'écria celle en *rose*.
» Marchons plus vite, peut-être a-t-on fini?
» Oh! si jamais nous n'avions plus de place, »
Reprit une autre en la suivant de près.
Charmants enfants! disais-je, que Dieu fasse
Sur vous toujours répandre ses bienfaits!

« De ces présents connais-tu la personne? »
Demandait l'une en lui serrant le bras.
« —C'est un *Monsieur*, a-t-on dit, qui les donne, »
Fit la causeuse, « on ne le nommait pas...
» —Sans doute au chœur le Monsieur aura place, »
Ajoutaient-ils ces enfants satisfaits...
Charmants enfants! disais-je, que Dieu fasse
Sur vous toujours répandre ses bienfaits!

Ce que l'on cache émerveille sans peine,
Et le Monsieur est pour eux plus qu'un roi.
« Tu l'as donc vu?— Non, mais c'est ma marraine,
« —Eh bien! pourquoi déclarer que c'est toi?

(*) En vermeil.

» Quand ta maman t'apprend ce qui se passe,
» Tu fais croire que c'est toi s'il te plaît. »
Charmants enfants! Disais-je, que Dieu fasse
Sur vous toujours répandre ses bienfaits!

« — Moi, je le sais, maman parlait... du... *prince...*
Dit la plus jeune à qui le mot *glissa.*
« Oh! mais voyez-donc comme elle me pince?
» — Mademoiselle, on doit taire cela!
» Tu ne sais pas, dit une autre à voix basse,
» Que c'est pour *lui*-même si je me tais? »
Charmants enfants! disais-je, que Dieu fasse
Sur vous toujours répandre ses bienfaits!

Cet incident jette un peu de discorde;
On cause à part, on marche avec fierté;
Mais on revient, on se fixe, on s'aborde,
Ainsi se scelle entre enfants tout traité.
Dans le moment près d'eux un homme passe,
C'est un gardien, car pâlissent leurs traits.
Charmants enfants! disais-je, que Dieu fasse
Sur vous toujours répandre ses bienfaits!

C'est un gardien aux yeux caves et sombres,
Car il revient me fixer en détail;
Quand tout-à-coup fuyant comme des ombres,
Tous ces enfants regardaient du portail.
Pour moi sans doute ils craignent quelque chasse,
Moi qu'ils n'ont fui quand je les approchais.
Charmants enfants! disais-je, que Dieu fasse
Sur vous toujours répandre ses bienfaits!

Mais je les perds; ils vont prier sans doute,
Pour les captifs, un Dieu mort sur la croix,
Et de ce lieu l'harmonieuse voûte
Va rendre aux cieux leur angélique voix.
Prions aussi pour leur être efficace,
La *Vierge* un jour entendra nos souhaits.
Charmants enfants! disais-je, que Dieu fasse
Sur vous toujours répandre ses bienfaits!

FIN.

Imprimerie de A. APPERT, Passage du Caire, 54.

www.ingramcontent.com/pod-product-compliance
Lightning Source LLC
Chambersburg PA
CBHW051302050726
47595CB00008B/3384